AF199850

Bibliografische Information der Deutschen
Nationalbibliothek: Die Deutsche Nationalbibliothek
verzeichnet diese Publikation in der Deutschen
Nationalbibliografie; detaillierte bibliografische Daten sind im
Internet über dnb.dnb.de abrufbar.

© 2019 Kirsten Cornelia Fürstenberg
Herstellung und Verlag: BoD – Books on Demand,
Norderstedt".

ISBN: 978-3-7504-2214-8

1
Herzensfrieden - Kirsten Cornelia Fürstenberg, 22399 Hamburg

Alle Rechte der Weitergabe durch Schriften, Fernsehen, Funk, Film, Video, Foto oder Medien aller Art sind vorbehalten.
Danke für die Beachtung. Bei Nichteinhaltung wird ein Ersatz gefordert.

Haftungsausschluss:
Die Autorin übernimmt keinerlei Haftung für Beeinträchtigungen irgendwelcher Art, die sich direkt oder indirekt von dem Gebrauch der hier beschriebenen Anwendungen ergeben. Bitte nehmen Sie bei einer nicht Gesundheit immer eine professionelle Diagnose oder Therapie durch ärztliche oder naturheilkundliche Hilfe in Anspruch.

Erste Auflage 2019

Idee und Text Kirsten Cornelia Fürstenberg,
Email: info@herzensfrieden.com
Internet: www.herzensfrieden.com

Gestaltung: Ines Bauer, HerzLicht Akademie
Covergestaltung Ines Bauer mit Verwendung von Fotos von Shotshop:
© Stas_K/Shotshop.com, © Elena/Shotshop.com,
© natika/Shotshop.com, © AndreYanush/Shotshop.com,
© lightsource/Shotshop.com, © Ale-ks/Shotshop.com

Verantwortlich für Worthygiene: Jochen Jo Bauer, HerzLicht Akademie

Inhaltsverzeichnis

1) Begrüßung...4

2) Die Kraft der guten Worte.....................10

3) Erfahrungen sind das Gold der Seele...................13

4) Dein Körper Dein Geschenk Deines Lebens...........27

5) EM - Effektive Mikroorganismen EM, ein wertvoller Begleiter...31

6) Ein Wunderbaum der Erde für unser aller Wohlsein: Moringa Oleifera.....................................42

7) Pflanzenöle - Das flüssige Gold..........................46

8) Wissenswerte Signaturen für gesunde Organe mit Obst und Gemüse.....................................50

9) In Balance mit emotionalem Essen.......................63

10) Deine Gabe ist Deine Einzigartigkeit..................97

11) DANKE...101

Herzensfrieden - Kirsten Cornelia Fürstenberg, 22399 Hamburg

Begrüßung

Glück + Freude = Liebe „Wer sich selbst liebt ist glücklich!"

Herzlich Willkommen,
schön, dass Du hier bist!

Dieses Buch ist ein Wegbegleiter
für ein neues liebevolles und gesundes
Miteinander! Es basiert auf meinen
eigenen Erfahrungen. Diese
Erfahrungen sind wirklich selbst
erlebtes Leben. Es ist mein Urwissen,
das ich hier mit Dir teile. Wie Du es
nutzt und anwendest ist Deine freie
Wahl!

Herzensfrieden - Kirsten Cornelia Fürstenberg, 22399 Hamburg

Heute ist ein schöner warmer Sommertag.

Ich genieße die Sonne und liege ganz locker sonntags nach einer lustigen Partynacht, in meinem Strandkorb.

Bild © Gisela Klingbeil

Bin voller Freude mit meinen Gedanken bei meinem nächsten Urlaub … stimme mich in aller Ruhe auf meine nächste Woche ein …

Mein Resümee: Alles fließt!

Herzensfrieden - Kirsten Cornelia Fürstenberg, 22399 Hamburg

In Frieden mit mir lausche ich der Natur. Irgendetwas ist heute anders. Da höre ich eine Stimme. Es ist die Stimme meiner Seele und sie findet in meinem Körper Gehör.

Sie stellt mir Fragen:
Lebst Du Deine Wahrheit?
Wer bist Du in Wahrheit?
Lebst Du Deine wahren Potenziale und Fähigkeiten?

Wow, diese Fragen sind **NEU** für mich!
Dieser Moment ist sehr wertvoll.
Das ist der Moment wo sich mein Leben verändert!

Die Wahl für mich, meine Wahrheit und meinen Seelenplan beginnt jetzt in diesem Moment.

Bist Du bereit für Deine Selbstfindung? Bist Du bereit für **DEIN** Leben in Eigenverantwortung? Super, die nachfolgenden Seiten beinhalten wertvolle Erfahrungen für Dich und Deine Wahl.

Jeder hat seinen eigenen Lebens -/Seelenplan, das Erkennen und Integrieren Deiner Seelenanteile funktioniert immer gleich.

1) Die Bereitschaft für eine Veränderung.
Ich bin bereit. Jetzt gehe ich den Weg meines Herzens.

2) Ich wähle eine Veränderung.
Die Wahl für meinen neuen Weg, den Weg meines Herzens.

3) Die Wahl für mein Leben im Hier und Jetzt.
Ich lebe jeden Moment in Liebe, Leichtigkeit, Freude und Reichtum.

Herzensfrieden - Kirsten Cornelia Fürstenberg, 22399 Hamburg

Hier ein paar Erinnerungen für Dich:

Bild © Gisela Klingbeil

Eigenverantwortung = Selbstannahme

100% Selbstannahme für mein Tun und Handeln!

Emotion = Erfahrung

Erfahrung als erlebtes Wachstum in die eigene Größe annehmen.

Herzensfrieden - Kirsten Cornelia Fürstenberg, 22399 Hamburg

Wahrheit = Identität

Was ist meine Identität, wer bin ich wirklich, wofür bin ich hier, was ist mein Lebensauftrag?

Leben im Hier und Jetzt = Lebensfreude

In Lebensfreude, die Wahrheit meines Herzens, meiner Seele leben und Leichtigkeit und Freude hier und jetzt fühlen.

Leichtigkeit + Freude = Hingabe

Ich gebe mich hin und vertraue jeden Moment in die Führung meines Herzens und meiner Seele.

Selbstliebe = Herzenswahrheit

Finden, wer ich wirklich bin.

Reichtum = Deinen inneren Schatz sichtbar leben

Fülle = Schöpfertum auf allen Ebenen

Jetzt viel Freude beim Lesen und viele wertvolle Momente in Deinem neuen Leben.

Herzensfrieden - Kirsten Cornelia Fürstenberg, 22399 Hamburg

Die Kraft der guten Worte

Bild © Gisela Klingbeil

„Worte sind Orte wo wir unseren Gefühlen, Gedanken, Ideen, Emotionen und Intuitionen, Liebe, Sinn, Bedeutung und Leben geben"
Quelle: Jochen Jo Bauer – Herzlicht Akademie

Dieses Buch gibt den guten Worten einen Ort, für die kraftvolle Wirkung in jedem Moment.

Herzensfrieden - Kirsten Cornelia Fürstenberg, 22399 Hamburg

Hierfür bediene ich mich der

Worthygiene:
Liebevolle Worte sind wie Blumen am Weg. Frei und
schön. Mit Deinen Worten säst Du Dir Deinen Blumen-
garten. Lebe leicht und nutze die Kraft der guten Worte
für die Erfüllung Deiner Herzenswünsche!

NICHT-
Ist die Kräftigung und Bestätigung in Sätzen, die eine
positive Antwort wünschen. Ist das nicht wundervoll?

Die Beschreibung einer Situation mit NICHT ermöglicht
Dir nur gute Worte in Deinem täglichen Wirken und
somit ein liebevolles und ehrliches Miteinander in allen
Bereichen.

Wortschatzformel für gesund:
gesund + nicht gesund = gesund
~~♪k♪r♪a♪n♪k♪~~ (überlieferter gestrichener Wortschatz
in Einzelbuchstaben gesungen)

Herzensfrieden - Kirsten Cornelia Fürstenberg, 22399 Hamburg

Bedarfsbasierende Kommunikation

Das ist Deine Seelenkommunikation, so spricht Deine Seele über Dein Herz mit Dir. Es ist die Kommunikation der bedingungslosen Liebe. Seelenkommunikation ist die eigene Wahrheit im Hier und Jetzt. Die Quelle Deines Seins.

Integriere die guten Worte als liebevolle Begleiter in Dein Leben.

Schreibe Dein
Goldenes Buch.

Manifestiere
Deine Wahrheit.

Bild © Gisela Klingbeil

Herzensfrieden - Kirsten Cornelia Fürstenberg, 22399 Hamburg

Verwirkliche das Leben Deiner Träume. Bereits mit dieser Veränderung fühlst Du, dass sich Dein Leben positiv verändert. Gesetz der Resonanz: Gleiches schwingt wie Gleiches.

Ehrlicher Erfolg auf allen Ebenen in Freude und Leichtigkeit.

Erfahrungen sind das Gold der Seele

Gold bringt unseren innersten Wesenskern ans Licht. Es gibt dem Leben einen Sinn und fördert die Verwirklichung des guten Tuns.

Bild © Gisela Klingbeil

Herzensfrieden - Kirsten Cornelia Fürstenberg, 22399 Hamburg

Mein Name ist Kirsten Cornelia Fürstenberg.
Mit ganzem Herzen Danke, dass Du dieses Buch liest und Deine eigenen Wahrheiten liebevoll lebst.

Ich erlebe eine Schatzkiste an Erfahrungen, die nicht gut sind. Mit der Wahl für eine Veränderung. Die Wahl für den Weg meines Herzens. Bin ich bereit für die Wahrnehmung der bewussten sowie nicht bewussten Momente. Mit dem Erkennen, dass sich meine Seele die nicht leichten Momente kreiert, damit sie in ihre wahre Größe wächst, bin ich in höchstem Maße dankbar für meine Lebenserfahrungen hier auf Erden.

Das ist der Schlüssel für meine Selbstannahme. Die 100% Selbstannahme für mein Tun und Handeln.

Hier meine Wahrheit und die geschaffte Integration der nicht leichten Momente meines Lebens. Beginnend mit der Befruchtung meiner Eizelle bis JETZT. Mein Seelenplan ist fertig inklusive aller Vereinbarungen, ich bin bereit! Jetzt nutze ich meinen Mut!

Mut = Dein Leben das Du kennst, verändern in Dein Leben das Du bist!

Heute ist der richtige Moment.

Bild © Gisela Klingbeil

Es ist eine schöne laue Mainacht und meine von mir gewählten Eltern sind auf Reisen. Verliebt wie eh und je verbringen sie eine kuschelige Nacht. Jaaaa!!! Ich bin die Gewinnerin, aus einer von mehreren Millionen Spermien bin ich die, die sich einnistet und die Eizelle befruchtet. Super, das hat schon mal gut funktioniert! Ich bin voller Freude.

Herzensfrieden - Kirsten Cornelia Fürstenberg, 22399 Hamburg

Es ist soweit, für meine Eltern beginnt die Elternschaft. Beide in der Ausbildung, glücklich und voller Freude. Gern lausche ich im Bauch den harmonischen Gesprächen. Ihre Liebe und Freude auf mein Kommen nehme ich deutlich wahr.

Bild © Sandra Rodriguez

Am liebsten mag ich, wenn meine Mutter die Treppen geht, es fühlt sich an wie schaukeln, das ist super für meine Entwicklung, besonders im dritten Monat für mein Lymphsystem.

Herzensfrieden - Kirsten Cornelia Fürstenberg, 22399 Hamburg

Ein weiteres Highlight, das ich im Bauch erlebe, ist das Autofahren. Gern erfahre ich wie liebevoll meine Mutter mit den Mitfahrern und Mitgliedern des Straßenverkehrs spricht. Immer in liebevollen Worten, dass ist Musik in meinen Ohren. Gern streichelt sie beim Autofahren ihren Bauch mit den Worten: Ich freue mich auf Dich.

Heute ist der Moment für den nächsten Schritt. Mein gewählter Geburtstag ist da. Freude!

Liebevoll schaffe ich mir Platz, dass Wasser um mich herum fließt. Los geht's, wir fahren ins nicht Gesundheitshaus. Heute ist ein besonderer Sonntag, Handball WM, Deutschland steht im Finale, Gratulation, die Jungs sind Weltmeister! Ich fühle eine positive Energie, mir ist klar, es gibt heute ein großes Geschenk für mich selbst - **Mein Leben hier auf Erden!**

Jetzt ist es soweit, alle Aufmerksamkeit gilt meiner Mutter und mir.

Geschafft, ich erblicke das Licht der Erde.

Bild © Gisela Klingbeil

Meine Mutter ist gerührt, voller Stolz nimmt sie mich in ihre Hände. Im Herzen von ihr angenommen fühle ich ihre bedingungslose Mutterliebe. Das ist sooo schön und sie riecht so gut!!! Glücklich wiegt sie mich in meinen Wohlfühl-Schönheitsschlaf.

Am nächsten Morgen kommt ein Herr. Er ist der Standesbeamte. Sehr gut, dann kennt die Erde jetzt meinen Namen. Die liebevolle Verabredung meiner

Eltern ist, dass mein Vater den Namen des Mädchens benennt. Mein Vater wählt "Kirsten". Damit es deutlich erkennbar ist, dass Kirsten ein Mädchen ist ergänzt meine Mutter den Namen Cornelia. Also, mein vollständiger Name ist Kirsten Cornelia. Hört sich nach einem Künstlernamen an, oder? HiHiHi.

So, nun ist der Moment für die gute Muttermilch. Meine Frage, die ich mir stelle, wie mach ich mich am effektivsten bemerkbar? Meine Überlegung, ich mache es anders als meine Kumpels hier im nicht Gesundheitshaus. Ich schaffe mir Gehör mit einem lauten Schmatzen. Dann sind alle informiert, Lunchtime für Kirsten. Die andere Art der Aufmerksamkeit findet Begeisterung bei den Herren und Damen im nicht Gesundheitshaus. Das ist der erste Moment in meinen jungen Leben, wo ich einen neuen nicht bekannten Weg gehe.

Freude, heute ist der Tag,
wo es nach Hause geht.

Bild © Gisela Klingbeil

Ich bin gerührt, die ganze Familie ist da. Alle freuen
sich dass ich da bin, geben mir ihre volle
Aufmerksamkeit. Ein tolles Gefühl der Geborgenheit.
Mein Kinderzimmer ist liebevoll und warm. Mit meinen
liebevollen Großeltern reift eine großartige Idee.
Vormittags schaffen meine Eltern erfolgreich in aller
Ruhe ihre Bildungsprogramme. Parallel bin ich
während dieser Momente wohlbehütet bei meinen
Großeltern in Obhut. Nachmittags sind dann Momente
mit meinen Eltern. Das ist SUPER, alles ist in Balance.

Meine Mutter ist voller Stolz. Mein Kind spricht mit
Zwei! Sehr gut gemeistert und gestartet.

Herzensfrieden - Kirsten Cornelia Fürstenberg, 22399 Hamburg

Ja jedes Kind wählt sich seine natürliche Anzahl an Momenten, für das Finden der richtigen Worte ..., denn schnell ist mir klar, dass ich mit guten Worten, sehr viel Gutes erreiche.

Beim Spielen erkenne ich, dass Achtsamkeit wichtig ist. Es schützt die Zähne, den Frieden und fördert das liebevolle Miteinander in der Familie und im Freundeskreis.

Was für eine Nacht. Wach von einem nicht guten Traum. Angekuschelt an meinen Teddy Kalimann. Ich mache meine Augen auf. Meine Eltern, beide an meinem Bett, versichern mir dass alles in Ordnung ist, schenken mir ihre Liebe und Geborgenheit. Das fühlt sich gut an. Ich atme frei. Sie bleiben beide an meinem Bett sitzen, bis ich eingeschlafen bin.

Herzensfrieden - Kirsten Cornelia Fürstenberg, 22399 Hamburg

Ein neuer Lebensbereich beginnt. Der Einschulungs-
test ist bestanden, es beginnt. Heute ist mein erster
Schultag.

Bild © Gisela Klingbeil

Voller Begeisterung frage ich meine Mutter „Darf ich
hier morgen wieder hin?" Glücklich, dass ich mich
wohl fühle sagt Sie liebevoll "JA".

In meiner Bildungsstätte lerne ich viele wertvolle Dinge
für`s Leben. Besonders aufmerksam folge ich dem
Urheilwissen der Natur. Freue mich über den
ökologischen Anbau des Gemüses im Schulgarten mit
Kochen in der Schulküche.

Herzensfrieden - Kirsten Cornelia Fürstenberg, 22399 Hamburg

Die Pädagogen erkennen meine Potenziale und Fähigkeiten und fördern sie. Hier erinnere ich mich das erste Mal an meine Gabe. Das Sprechen mit der geistigen Ebene.

Ich spüre mein Körper verändert sich. Er bekommt eine andere Form. Heute ist noch etwas anders als sonst. Ich bekomme meine Tage. Ok, ich bin 11 Jahre, früh aber cool. Im Körper und im Herzen nehme ich meine Weiblichkeit an.

Bild © Gisela Klingbeil

Meine Oma erkennt was der kleinen Kirsten Cornelia am Herzen liegt: das REISEN. Diese Freude teilen wir miteinander und sie zeigt mir viele verschieden Länder dieser Erde. Mir ist klar, Du machst Dein Hobby zum Beruf. Ich lerne Reiseverkehrskauffrau.

Meine Eltern freuen sich, dass ich weiß was ich will. Gemeinsam helfen sie mir, dass mein Herzenswunsch in Erfüllung geht. Jaaaa, es funktioniert! Ich bin Reiseverkehrskauffrau.

Probierfreudig und immer offen für Neues lerne ich mehrere Firmen der Branche und viele nette Kollegen kennen. Was für eine Bereicherung für mich.

Mein Tun erfüllt mich voll und ganz. Dennoch nehme ich die Signale meines Körpers wahr und gönne mir Ruhepausen fürs Wohlbefinden. Damit halte ich meinen physischen und emotionalen Körper in Balance.

Herzensfrieden - Kirsten Cornelia Fürstenberg, 22399 Hamburg

Alles hat seinen Moment. Ich fühle jetzt ist der Moment für eine Veränderung. Meine andere Großmutter hat eine super Geschäftsidee. Ein Ladengeschäft für Effektive Mikroorganismen EM. Die Erfolge hiermit kenne ich bereits über die bestimmten Themenbereiche in meiner Bildungsstätte. Hiermit ist klar: ich wirke mit.

Unser Geschäft erweitert sich. Ich lerne wundervolle Menschen kennen, die mir wertvolle Informationen geben, wie ich meinen Körper reinige, meine Selbstheilungskräfte aktiviere, meine Seele und meinen Geist in Balance bringe.

Meine klare Wahl für mich und meinen Seelenplan ermöglicht mir, dass ich meine wahren Potenziale und Fähigkeiten lebe!

Herzensfrieden - Kirsten Cornelia Fürstenberg, 22399 Hamburg

Danke, sage ich meinem Mann, mit dem ich seit 20 Jahren in einer liebevollen Partnerschaft lebe und mit ihm seit 10 Jahren glücklich verheiratet bin.

Jetzt sind wir im partnerschaftlichen Miteinander erfolgreich gewachsen.

Bild © Gisela Klingbeil

Herzensfrieden - Kirsten Cornelia Fürstenberg, 22399 Hamburg

Dein Körper
Dein Geschenk Deines Lebens

Integriere Ihn als liebenswerten Gefährten in Dein Leben.

„Unser Körper ist das Werkzeug der Seele, damit dieser in der materiellen Welt leben und etwas bewerkstelligen kann."-Werner Braun

Heute weiß ich, dass meine Seele meinen Körper wählt, damit Sie auch an den körperlichen Anforderungen wächst.

Körper = Lebenskraft
Schenke Deinem Körper Beachtung, nimm wahr was Ihm ganz besonders wichtig ist, lausche seinen Botschaften, erfülle seine Wünsche, er dankt es Dir mit 100% Lebenskraft.

Lebenskraft = Energiefluss
Im Energiefluss mit Körper, Geist und Seele sein.

Mir ist bewusst, dass mein Körper der wichtigste Partner in meinen Leben ist!
In tiefer Liebe, Wertschätzung und Dankbarkeit widme ich Dir diese Zeilen.

Herzensfrieden - Kirsten Cornelia Fürstenberg, 22399 Hamburg

Liebesbrief für meinen Körper!

Bild © Gisela Klingbeil

Mein lieber Körper,

DANKE, für mein Leben!
DANKE, für Deine Liebe!
DANKE, für Deine Freundschaft!
DANKE, für Deine tägliche Begleitung!
DANKE, für Deine Botschaften!
DANKE, dass Du mich mit Deinen
Gefühlen an meinen Weg erinnerst!
DANKE, dass Du in 90 Tagen einen
neuen, frischen Blutkreislauf erschaffst!
DANKE, dass Du in 11 Monaten Milliarden Zellen
erneuerst!
DANKE, dass Du in zwei Jahren neue Knochen
aufbaust!
DANKE, dass eine schnelle Regeneration meiner
Darmflora möglich ist. Die Darmflora ist die Wurzel
meines Körpers!
DANKE, dass Du mir mit einer nicht Gesundheit zeigst,
dass ich nicht den Weg meiner Seele gehe.
DANKE, dass Du mir die Möglichkeit gibst, für eine
komplette Erneuerung meiner Gesundheit, mit der
Wahl für meinen Seelenweg.

Gesundheit = göttliche Ordnung
Ein Leben im Einklang mit der göttlichen Ordnung von
Körper, Geist und Seele.

Ok, mein lieber Körper, jetzt verstehe ich!
Jede nicht Gesundheit ist eine Botschaft meiner Seele.
Damit ich Deine Botschaften höre sind Ruhezeiten
obligatorisch.
Ich höre genau hin, handle Eigenverantwortlich im
Sinne von Dir, nehme die Wahl für eine Veränderung
an.

Herzensfrieden - Kirsten Cornelia Fürstenberg, 22399 Hamburg

Wir sind ein Team, miteinander folgen wir dem wahren Weg meiner Seele.
Wie schön, diese Erkenntnis bringt mir Leichtigkeit und Freude!

Liebe Kirsten, hier spricht Dein Körper.
DANKE, dass Du meinen Wert erkennst!
DANKE, für diese wundervollen Worte!
DANKE, dass Du mir jetzt Deine 100% Aufmerksamkeit schenkst.
DANKE, dass Du jetzt meine Botschaften hörst und annimmst!

Jetzt zeige ich Dir, wie Du mich mit den Geschenken der Natur kraftvoll stärkst. Denn die Natur ist die Wurzel meines Seins! Besonders gut nimmst Du meine Botschaften bei einem Spaziergang in der Natur wahr. Denke daran, Du hörst mich in der Ruhe, in der Stille!

In Liebe
Dein Körper

Bild © Gisela Klingbeil

Herzensfrieden - Kirsten Cornelia Fürstenberg, 22399 Hamburg

EM -Effektive Mikroorganismen
wertvolle Begleiter
Ganzheitlich in Balance mit Kleinstlebewesen

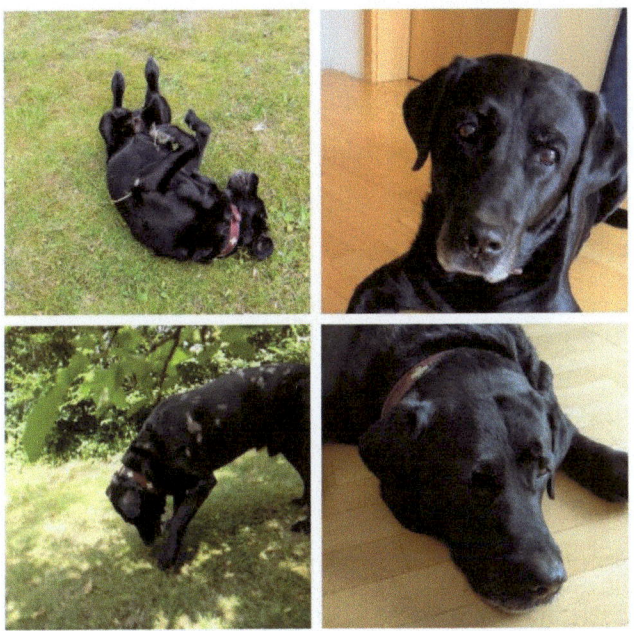

Bild © Gisela Klingbeil

Heute ist ein schöner Frühlingstag, ich gehe mit meinem Hund Paul im Wald spazieren und beobachte das Erwachen der Natur.

Herzensfrieden - Kirsten Cornelia Fürstenberg, 22399 Hamburg

Da ist sie wieder, die Stimme meiner Seele. Sie gibt mir einen wertvollen Impuls: "Liebes, Du bringst Dich und Deine Umwelt ganzheitlich in Balance, mit dem Einsatz von EM- Effektiven Mikroorganismen..." DANKE! Das ist die Antwort auf meine Frage.

Dieses Wissen ist ein großes Erdenwissen und wächst weiter bereits in Jahrhunderten. Meine Großmutter gibt mir in vielen Momenten ihre positiven Erfolge mit den Kleinstlebewesen weiter. Im Schulgarten erfahre ich die praktische Anwendung der EM`S.

Ich erinnere mich....

EM sind ca. 80 verschiedene Mikroorganismen. Die wichtigsten Mikroorganismen in EM sind Milchsäure, Photosynthese Bakterien und Hefen. In der Natur gesammelt, natürlich hergestellt. Somit sind die organischen Gesetze der Erde in Balance. Viele dieser Mikroorganismen sind im Einsatz für unsere Gesundheit sowie bei der Herstellung von Lebensmitteln, z.B. Sauerteig, Sauerkraut, Käse, Jogurt, Brot etc.

Herzensfrieden - Kirsten Cornelia Fürstenberg, 22399 Hamburg

Es gibt drei Gruppen von Mikroorganismen die miteinander wirken. Die EM`s sind regenerierend, aufbauend.

Unsere kleinen Helfer verstoffwechseln viele Metalle, Bodenhilfsmittel und Gerüche. Das tun sie für unser Wohlbefinden, für das Wohlbefinden der Tiere, der Pflanzenwelt und der ganzheitlichen Natur. Auf den Punkt gebracht, helfen die Kleinstlebewesen bei der Gesundung des ganzheitlichen Systems.

Aufgetankt mit der Energie von Mutter Natur geht es los. Die EM`s bekommen ihren Platz im Haus. Ich erinnre mich, dass EM hilfreich für natürliche Kreisläufe ist. Das bedeutet, ich mache sauber mit einer verdünnten EM Lösung und gebe das Wasser meinen Blumen im Garten oder über das Kanalsystem ins Grundwasser. Super, jetzt haben alle was davon!

Täglich sprühe ich meine kleinen Helfer in meine Räume. Das ist wundervoll für mein Raumklima und bindet die nicht guten Stoffe und Gerüche in der Luft.

Herzensfrieden - Kirsten Cornelia Fürstenberg, 22399 Hamburg

So atme ich richtig frei und gesund.

Jetzt ist die Wäsche dran. Hier gebe ich die EM –
Waschkugel in die Trommel und ins Fach flüssige
EM´s. Super, ich brauche kein Waschmittel. Welch ein
Segen für meinen Körper und ein Wohlgefühl für die
ganze Erde.

Mein Mann steht in der Tür mit einem Blumen-
geschenk für mich. Danke, mein lieber Schatz!
Für die lange Freude an den Blumen, gebe ich in die
Vase meine Mikros und ein paar EM-Keramik Pipes.
Es besteht eine große Freundschaft mit meinen
Kleinen.

Nun hab ich einen besonderen Auftrag für meine
kleinen Freunde: mein Backofen. Der Backofen bereitet
mir ein paar leckere Essen. Jetzt ist der Moment für
das Saubermachen. Das ist nicht gerade meine
Lieblingsbeschäftigung. Hierfür nehme ich jede
natürliche Hilfe mit Freude an. Somit bin ich sehr
dankbar für diesen TIPP.

Herzensfrieden - Kirsten Cornelia Fürstenberg, 22399 Hamburg

Die Empfehlung ist, Backofen einsprühen mit EM´s, jetzt wirken die EM´s einige Momente völlig selbstständig und nehmen in Leichtigkeit das nicht Saubere auf. Klingt leicht. Ist wirklich leicht. Jaaa!!! Es funktioniert, alles wie NEU!

Auf in den Garten. Es ist Frühjahr und ich gebe dem Boden eine Starthilfe mit EM. Der Boden, das Gemüse, die Pflanzen lieben EM`S. Sie danken es mit kraftvollen Pflanzen, gesundem leckeren Gemüse und einer wunderschönen Blütenpracht.

Ich frage mich, was ist eigentlich das wichtigste Garteninstrument? Ja, richtig es ist der Liegestuhl. Mit ihm beobachte ich die Natur in meinem Garten.

Bild © PhotoDoc/Shotshop.com

Herzensfrieden - Kirsten Cornelia Fürstenberg, 22399 Hamburg

Morgens genieße ich gern ein fermentiertes Getränk mit EM. Das ist hilfreich für mein Wohlsein und Gleichgewicht im Darm. EM-Keramik Pipes geben meinen Wasser eine gute Qualität. Es gibt viele Möglichkeiten für den Einsatz meiner Lieblinge.

Wie bei der Renovierung: ihre Beimischung hilft für ein natürliches Raumklima mit guter Luft. Teiche und Gewässer lieben die Kleinstlebewesen. Sie danken es mit natürlichem Gleichgewicht und vielem mehr.

Auf meinem Liegestuhl träume ich... was bei mir im kleinen Bereich wirkt, funktioniert auch im Großen. Meine Vision ist geboren....
Ich kaufe mit Leichtigkeit EM in einem Ladengeschäft meiner Wahl. In allen öffentlichen Gebäuden, wie nicht Gesundheitshäusern, Kindergärten, Schulen, Behörden und sonstigen Institutionen ist das Saubermachen mit EM für das Wohl für Mensch, Tier und Umwelt obligatorisch. Kinder erfahren das wertvolle Wissen in der Schule. Im Bau ist EM eine bereichernde Beimischung. Seen und Gewässer sind im Gleichgewicht, dank EM. Pure Freude steigt in mir auf.

Herzensfrieden - Kirsten Cornelia Fürstenberg, 22399 Hamburg

Hier kommt unser lieber Hund, Labi Paul. Er hat gute TIPP´s für seine vierbeinigen Kumpels, die er gern teilt. Ok, Paul dann erzähl mal...

"Hallo, mein Name ist Paul. Ich bin Fan meiner kleinen Kumpels den EM´S. Sie stärken meinen Organismus auf natürliche Weise und geben mir mehr Wohlgefühl - mit dem Ergebnis: ich bin fit und gesund.

Bild © Kornelia Riedl/FOTO tierisch!

Mein Wasser serviert Frauchen in einem für mich gefertigten EM-Keramiknapf. Mit der Fermentation mit EM, bekommt das Wasser die Schwingungsstruktur eines Quellwassers. Es ist gut für meinen Zellstoffwechsel, schmeckt, steigert mein Wohlbefinden. Mein tägliches Futter ist bereichert mit einem fermentierten Ergänzungsfutter mit Effektiven Mikroorganismen EM.

Herzensfrieden - Kirsten Cornelia Fürstenberg, 22399 Hamburg

Das fördert mein Immunsystem, meine Darmflora ist gestärkt.

Ich liebe ein Bad mit meinen kleinen Freunden, das tut meinem Fell und meiner Haut besonders beim Fell-wechsel gut. Des Weiteren verteilt Frauchen meine Kumpels gern in meiner Umgebung. Gut für meine Atmung.

Ich fühle mich dank EM sehr wohl und wie Ihr seht, glänzt mein Fell in einem leichtem Regenbogen-schimmer. So bin ich besonders attraktiv für die Hundedamen, hihi!

Alle meine Decken sind ohne Waschmittel gewaschen. EM ist gut für mich, meine Kumpels den Katzen, Pferden, Hasen, Hamstern, Vögeln, Fischen, Bienen und alle meine weiteren Freunde.

Jetzt gebe ich das Wort an meine Freundin die Biene, Sie gibt gerne wertvolle ergänzende Informationen.

In Liebe, Euer Paul."

Herzensfrieden - Kirsten Cornelia Fürstenberg, 22399 Hamburg

Mein lieber Paul, danke für Deinen bereichernden Bericht.

Auch ich fühle mich wohl dank den EM´S.
Mein Imkermeister verteilt viele Momente eine auf Kräuterbasis mit EM fermentierte Flüssigkeit.
Unser Volk ist vital, kraftvoll und stark.

Bild © Gisela Klingbeil

DANKE, Ihr lieben Menschen für das Kaufen von Wildblumensamen. DANKE, für das liebevolle Streuen an Wegen, Straßen, Feldern und öffentlichen Plätzen.

Bild © Gisela Klingbeil

Im Frühling bestäube ich die Obstblüten. Besonders gut schmecken mir die Blüten der vielen verschiedenen natürlichen Obstbäume in wundervollen Misch-kulturen.

Des Weiteren bereichert meine Ernährung, die Vielfalt von Nektar der Wildblumenwiesen und Feldern. Die Farbenbracht der Blumen ist eine Augenweide.

Ein weiteres Geschmackserlebnis bekomme ich von den Blüten der Linden, Kastanien, aller Art von Bäumen, Gemüsepflanzen und viele weiteren Blüten die natürlich überall wachsen. Die Vielfalt natürlich wachsender Pflanzen und Bäume, schenkt mir mein Leben, Euch Eure Lebensmittel.

Ein TIPP für meine Freunde: Mein Honig und mein Propolis sind sehr wertvoll für Eure Gesundheit. Eure Liebe für mich ist Balsam für meine Seele.
In Dankbarkeit, Eure Biene"

Auch ich sage DANKE. DANKE, liebe Freunde, dass Ihr mein Leben bereichert. DANKE, für mein Leben in einer ganzheitlichen natürlichen Umwelt in Balance.

In besonderer Liebe für Euer Sein
Eure Kirsten

Ein Wunderbaum der Erde
für unser aller Wohlsein:
Moringa Oleifera

Bild © Kirsten Cornelia Fürstenberg

Ich bin auf Reisen in Indien. Gönne mir eine wertvolle Ayurvedakur für mich und meinen Körper. In meinen freien Momenten lerne ich Land und Leute kennen. Ein netter Reisebegleiter nimmt sich mir an und zeigt mir die wertvollen Naturschätze seines Landes.

Herzensfrieden - Kirsten Cornelia Fürstenberg, 22399 Hamburg

Wir fahren in eine Region mit zahlreichen wild- und frei wachsenden Moringa Bäumen. Mit großer Begeisterung berichtet er mir von Moringa Oleifera. Ein Baum der mehr als 90 Nährstoffe in seinen Blättern hat. Seine Samen reinigen das Wasser antibakteriell. Er wächst jeden Tag und schenkt reichlich Ernte. Ein Baum, der bedingungslos gibt. Das hört sich fantastisch an.

Voller Freude auf seinen Geschmack probiere ich ein Blatt. Schmeckt scharf mit leichter Meerrettich-Note. Sehr gut, sagt mein Reisebegleiter, man nennt den Baum auch Meerrettichbaum.

Klasse, jetzt bitte noch mehr Wissen für mich, was ist das Besondere an Moringa Oleifera?

Mit seinen 90 Nährstoffen in den Blättern ist er für ein Lebensmittel einzigartig. Mit seinem hohen ORAC-Wert ist er optimal für den Zellschutz. Der ORAC-Wert begutachtet die antioxidative Fähigkeit oder Kapazität von Naturstoffen in Produkten. Die reichen Inhaltsstoffe bedienen alle Energiebereiche des Körpers. Mit der Vielzahl an Nährstoffen sind die Moringablätter ein

Herzensfrieden - Kirsten Cornelia Fürstenberg, 22399 Hamburg

natürlicher Energielieferant. Das Würzen meiner Speisen mit Moringa bringt mein Essverhalten natürlich in Balance. Moringa ist hilfreich bei der Zellerneuerung.

Fazit: Moringa ist eine wertvolle Prophylaxe für mein Immunsystem sowie für das Immunsystem der Tiere.

Mit Freude berichtet mein Reisebegleiter, dass Mütter die von diesem Baum essen, reichlich gesunde Nähr-stoffe in der Muttermilch haben, für die Ernährung ihrer Kinder.

Das ist wahrlich ein Wunderbaum, der mit all seinen natürlichen Produkten sofort in meiner Küche seinen Platz findet.

Sein Blattpulver bereichert mein Essen, Tee aus seinen Blättern trinke ich gern nach einem leckeren Essen. Das gibt mir Energie und Lebenskraft. Auf Reisen begleitet er mich in Kapselform. Somit bin ich in gesunder Begleitung.

Herzensfrieden - Kirsten Cornelia Fürstenberg, 22399 Hamburg

Danke lieber Moringa Oleifera Baum für Deine wertvollen Geschenke.

Bild © Kirsten Cornelia Fürstenberg

Pflanzenöle – Das flüssige Gold

Vitalität und Wohlbefinden mit natürlichen Ölen

Bild © Gisela Klingbeil

Meine Freundin lädt ein und gibt eine Party für Pflanzenöle. Dieses Thema ist besonders wichtig und bereichernd für mich. Ich freue mich riesig auf die Erweiterung meines Wissensschatzes. In Ihrer Küche vereint, hören wir aufmerksam hin...

Schnell ist jetzt klar, dass das flüssige Gold der Pflanzen, für viele Funktionen im Körper sehr wertvoll ist. Unsere Zellen nehmen dieses dankbar auf und bedienen damit unseren Stoffwechsel sowie wichtige

Herzensfrieden - Kirsten Cornelia Fürstenberg, 22399 Hamburg

Körperfunktionen. Auch für unsere Haut und unsere Haare sind Öle wichtig und gut.

Ein Tipp: Das richtige Öl dient unserem Wohlfühlkörper!

Pflanzenöle speichern Energie und spenden Wärme. Des Weiteren geben sie unserem Organismus wichtige Vitamine. In den Speisen transportieren sie die wertvollen Vitamine.

Ein Beispiel: Karotten schenken viel Karotin. Ein Teelöffel Öl an die gedünsteten Karotten, befreit das Karotin und ist somit direkt für den Körper verfügbar. Hoch interessant!
Es gibt weitere wertvolle Informationen...
In natürlichen Pflanzenölen sind auch die essentiellen Fettsäuren Linol- und Linolensäure. Diese stellt der Körper nicht selber her.

Es gibt eine Art der ungesättigten Fettsäuren die mit ganz besonderen Eigenschaften eingerichtet sind. Die Omega 3-Fettsäuren.

Herzensfrieden - Kirsten Cornelia Fürstenberg, 22399 Hamburg

Der heutige Wissenstand sagt, sie schützen Zellen und Gewebe. Dieses findet Ihr besonders im **Lein- Hanf-, Wallnuss-** und **Weizen-keimöl**.

Die empfohlene Menge zwischen Omega 6 und Omega 3 Fettsäuren darf etwa 5:1 betragen.

So, nun geht es ans Essen. Meine Freundin serviert uns Pellkartoffeln mit Leinöl und Quark, hmmm einfach lecker.

Bild © Gisela Klingbeil

Leinöl ein sehr geschätztes Pflanzengold. Hierfür gibt es diesen Hinweis: Leinöl ist nicht gleich Leinöl.

Hochwertiges Leinöl ist kaltgepresst, gekühlt, schmeckt nussig und lecker.

Meine Freundin erinnert uns an 30 Pflanzenölsorten, die eine Bereicherung für viele Essensvarianten sind.

Fazit: Hochwertige Pflanzenöle, schonend mit Biosamen und Früchten hergestellt sind sehr wertvolle Lebensmittel.

Der Abend ist wunderschön bereichernd für mich.
Ich habe viel Freude. Was für eine großartige Idee.
Begeistert gebe ich jetzt auch Partys „Lecker Essen mit gesunden Pflanzenölen".

Wissenswerte Signaturen für die Gesundheit der Organe mit Obst und Gemüse

Die Signaturenbedeutung ist Bestandteil der Kräuterheilkunde, die Paracelsus (1491-1541) einst entdeckt und von dem deutschen Schuhmacher Jacob Böhme (1575-1624) Bekanntheit gewinnt. Hier teilen alle Früchte und Gemüse äußerliche Eigenschaften oder »Signaturen« mit den Organen, für die sie gesund sind.

Nicht jeder glaubt an die Signaturbedeutung, doch Studien beweisen, dass dessen Kernprinzip richtig ist.

Die **Kidneybohne** beispielsweise erinnert an die Niere nicht nur in Form und Farbe. Mit mehrfachem Verzehr ist sie wertvoll für ihre Funktion. Dieses ist ein Teil der Signaturbedeutung. Es gibt weitere Bereiche:

Herzensfrieden - Kirsten Cornelia Fürstenberg, 22399 Hamburg

Karotte - Auge

Bild © Gisela Klingbeil

Bild © Alexis84/Shotshop.com

Eine Karotte in Scheiben, erinnert an das menschliche Auge. In einer geteilten Karotte zeigt sich die Struktur der Iris. Karotten haben sehr viel Beta-Carotin, ein pflanzlicher Stoff, der wertvoll für die Gesundheit der Augen ist.

Emotionale Bedeutung Karotte: spirituelle Reifung. Gibt uns Kraft von Mutter Erde, schenkt uns Fröhlichkeit und Lebensfreude, fördert unsere Hellsichtigkeit.

Herzensfrieden - Kirsten Cornelia Fürstenberg, 22399 Hamburg

Pilz - Ohr

 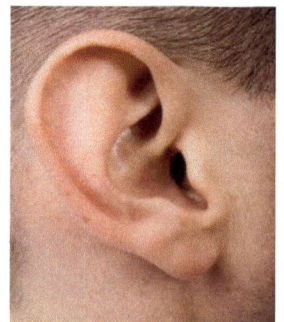

Bild © Gisela Klingbeil   Bild © Tobias Ott/Shotshop.com

Ein geteilter Pilz erinnert an das menschliche Ohr. Der Pilz enthält viele Vitamine und Aminosäuren die wertvoll für die Ohrgesundheit sind.

Emotionale Bedeutung Pilz: Die Wandlung findet wie das Wachstum der Pilze im Inneren statt.

Herzensfrieden - Kirsten Cornelia Fürstenberg, 22399 Hamburg

Walnuss- Gehirn

Bild © Gisela Klingbeil

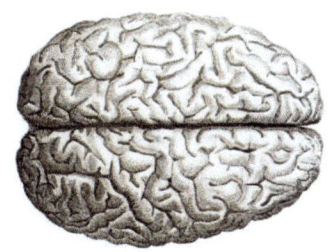
Bild © anterovium/Shotshop.com

Mit ihrer Form der Schale sowie mit ihrem Innenleben erinnert die Walnuss an das menschliche Gehirn. Walnüsse sind die einzigen Nüsse, die große Mengen an Omega-3-Fettsäuren beinhalten, diese sind hilfreich für eine gute Hirnfunktion.

Emotionale Bedeutung Walnuss: Verbindung mit den Göttern. Bringt Kraft für einen neuen Lebensweg!

Herzensfrieden - Kirsten Cornelia Fürstenberg, 22399 Hamburg

Ingwer – Magen

Bild © Gisela Klingbeil

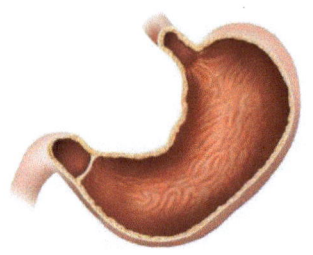
Bild © Alexilus/Shotshop.com

Die Ingwerknolle erinnert an den Magen. Mit seinen Inhaltsstoffen fördert der Ingwer die Verdauung und ist hilfreich für die Magen-Darm-Gesundheit.
In der Schwangerschaft komplett den Ingwer vom Speiseplan nehmen!

Emotionale Bedeutung Ingwer: Finde Dein inneres Feuer. Schenkt Energie, macht wach.

Herzensfrieden - Kirsten Cornelia Fürstenberg, 22399 Hamburg

Süßkartoffel – Bauchspeicheldrüse

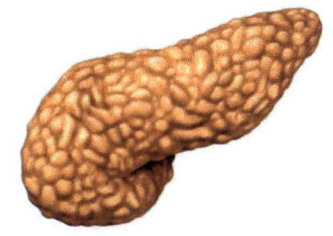

Bild © Gisela Klingbeil

Bild © lightsource/Shotshop.com

Die Form der Süßkartoffel erinnert an die Bauchspeicheldrüse. Die Süßkartoffel beinhaltet den Stoff
Caiapo, dieser ist besonders wertvoll für das Gleichgewicht der Bauchspeicheldrüse. Des Weiteren hat sie
eine Fülle an Mineralstoffen, wie Mangan, Folat, Kuper,
Eisen und einen besonders hohen Vitamin B6 Gehalt.

Emotionale Bedeutung: Es ist gesagt, dass die
Wunderknolle eine aphrodisierende Wirkung hat.

Herzensfrieden - Kirsten Cornelia Fürstenberg, 22399 Hamburg

Tomate – Herz

Bild © Gisela Klingbeil

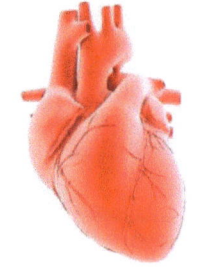

Bild © KirillM/Shotshop.com

Tomaten bestehen 95% aus Wasser.

Die 5% Nährstoffe sind wertvolle Naturstoffe, wie Kalium für die Stärkung unseres Herzens.

Emotionale Bedeutung Tomate: Symbol für körperliche und geistige Liebe.

Trauben – Lunge

Bild © Gisela Klingbeil

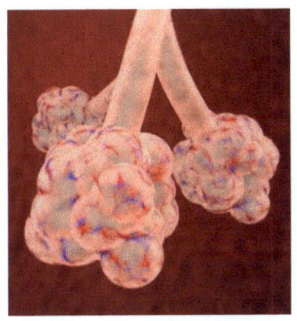

Bild © vampy1/Shotshop.com

Die Traube erinnert an die Bläschen der Lunge, medizinisch Alveolen. In den Kernen der Traube befindet sich der Stoff Proanthocyanidin, dieser ist besonders wertvoll für die Gesundheit der Lunge. Die Traube ist reich an Nährstoffen.

Emotionale Bedeutung Traube: Liebe, Hingabe, Fülle, Lebensfreude.

Herzensfrieden - Kirsten Cornelia Fürstenberg, 22399 Hamburg

Sellerie – Knochen

Bild © Gisela Klingbeil

Bild © eAlisa/Shotshop.com

Mehrere Gemüsesorten wie der Sellerie erinnern an unsere Knochen. Die Gemüsesorten haben viele wertvolle Inhaltsstoffe für unsere Knochengesundheit. Das Besondere am Sellerie ist der Natriumgehalt. Hier ist bedeutend, dass die Knochen sowie der Sellerie beide den gleichen Natriumgehalt haben, das sind 23%.

Emotionale Bedeutung Sellerie: wirkt beruhigend.

Orange - Brust

Bild © Gisela Klingbeil

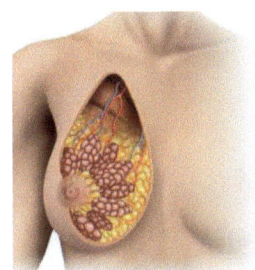

Bild © Alexilus/Shotshop.com

Zitrusfrüchte wie auch Orangen und Grapefruits erinnern an die weiblichen Milchdrüsen in der Brust. Ihre Inhaltsstoffe sind hilfreich für die Bewegung der Lymphe sowie für die Gesundheit der Brust.

Emotionale Bedeutung Zitrusfrüchte: reinigende, klärende und erfrischende Wirkung.

Herzensfrieden - Kirsten Cornelia Fürstenberg, 22399 Hamburg

Avocado – Gebärmutter

Bild © Gisela Klingbeil

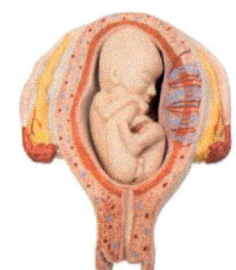

Bild © Heike Brauer/Shotshop.com

Avocado erinnern an die Gebärmutter. Mit Ihren Inhaltsstoffen sind sie hilfreich für die Funktion der Gebärmutter/des Gebärmutterhalses. So wie ein Kind in 9 Monaten in der Gebärmutter heranwächst, reift die Avocado auch in 9 Monaten.

Des Weiteren ist die Birne und Aubergine wertvoll für die Gebärmuttergesundheit.

Emotionale Bedeutung Avocado: Schaffenskraft, Emotionen, Kreativität. Die Frucht der Schönheit.

Herzensfrieden - Kirsten Cornelia Fürstenberg, 22399 Hamburg

Oliven – Eierstock

Bild © Gisela Klingbeil

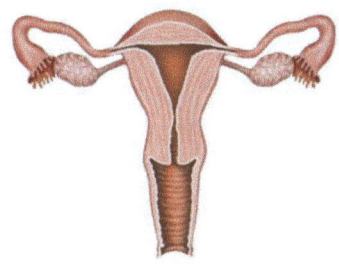

Bild © Alexilus/Shotshop.com

Die Form der Olive erinnert an den Eierstock der Frau.
Mit ihren Inhaltsstoffen fördert sie die Funktion des
Eierstockes. Sie ist reich an ungesättigten Fettsäuren.

Emotionale Bedeutung Olive: Erzeugt Frieden und
Harmonie.

Herzensfrieden - Kirsten Cornelia Fürstenberg, 22399 Hamburg

Feige – Hoden

Bild © Gisela Klingbeil

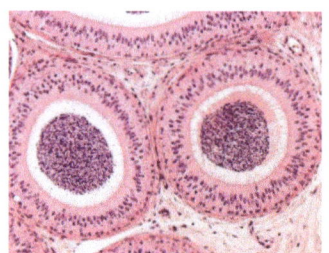

Bild © jlcalvo@ucm.es/Shotshop.com

Die Form der Feigen erinnert an den männlichen Hoden. Die Feigen sind bekannt dafür, dass sie die Anzahl der Spermien erhöhen und die Mobilität der Spermien steigert.

Emotionale Bedeutung Feige: Fruchtbarkeit, Schöpferkraft, Wohlstand.

Herzensfrieden - Kirsten Cornelia Fürstenberg, 22399 Hamburg

In Balance mit emotionalem Essen?

Ist das möglich?

Essen = Energie

Der physische Körper braucht die richtige Energie für das Bedienen des emotionalen Körpers. Wir essen das, was uns emotional dient.

Ich komme gerade vom Wochenmarkt mit einer Tüte gefüllt mit leckerem Obst und Gemüse direkt vom Erzeuger. Alles ist mit Liebe ökologisch und fair für das Wohl der Natur angebaut. Bereichert mit einem leckeren Tipp für die Bereitung des Essens.

Bild © Gisela Klingbeil

Herzensfrieden - Kirsten Cornelia Fürstenberg, 22399 Hamburg

Beim Einräumen des Einkaufes stelle ich mir Fragen:

Wieso ist es heute dieser Einkauf?

Was besagt der Einkauf über meine Stimmung?

Kann ich meine Stimmung mit der richtigen Ernährung aufhellen?

Ist es richtig, dass meine Emotionen mein Essverhalten bestimmen?

Das ist eine Erkenntnis, die mein Leben bereichert. Mir ist jetzt klar, ich nehme die Eigenverantwortung für meinen Körper an, schenke seinen Botschaften Gehör, Beachtung und höchste Aufmerksamkeit. So erreichen wir im Einklang mein Wohlfüllgewicht in Leichtigkeit. Ok, ich bin bereit.

Gewicht = Die Balance zwischen Geben und Nehmen

Das Gewicht spiegelt die Leichtigkeit und das Wohlgefühl in Deinem Herzensraum.

Die Frage die ich mir stelle: Wie bringe ich meine einzelnen Energiebereiche in Fluss?

Die sieben Energiebereiche
des emotionalen Körpers

Bild © decade3d/Shotshop.com

Energiebereiche = Urkraft

Im Fluss mit der göttlichen Ordnung des Körpers von
Kopf bis Fuß

Energiebereich 7 - Schöpferkraft

Energiebereich 6 – Drittes Auge

Energiebereich 5 – Kommunikation der Seele

Herzensfrieden - Kirsten Cornelia Fürstenberg, 22399 Hamburg

Energiebereich 4 – Universelle Liebe

Energiebereich 3 – Selbstverständnis

Energiebereich 2 – Lebenslust, Schaffenskraft

Energiebereich 1 – Erdung, Lebenskraft, Urvertrauen

Herzensfrieden - Kirsten Cornelia Fürstenberg, 22399 Hamburg

Energiebereich 1 = Basis

Hier schöpfen wir unsere Lebenskraft, unser Urvertrauen und unsere Erdung

Das Wissen der Natur sowie meine Eigenerfahrung geben mir diese wertvollen Erkenntnisse.

Meine Basis ist kraftvoll, stark und geerdet mit Lebensmitteln die viele Proteine, sekundäre Pflanzenstoffe, Eiweiße jeglicher Art beinhalten. Hier ein paar Inspirationen:

Erdende Wurzelgemüse:
Karotten, Rote Beete, Kartoffeln, Pastinaken, Rettich, Radieschen, Klettenwurzel, Rüben, Kohlrabi.

Festigkeit vermittelnde Proteine:
Hülsenfrüchte, Nüsse, Milch, Milchprodukte, Tofu und Sojaprodukte.

Stärkende Saaten:
Kürbiskerne, Pinienkerne, Sesam, Sonnenblumensamen

Herzensfrieden - Kirsten Cornelia Fürstenberg, 22399 Hamburg

Öle:

Kaltgepresstes- Kokosnussöl, - Sonnenblumenöl, - Kürbiskernöl, - Sesamöl, - Walnussöl, - Haselnussöl.

Früchte: nur Kokosnuss.

Getränke:

Wasser, Tee, gut gerösteter Kaffee

Gewürze:

Chili, in dosierter Menge konsumiert, macht glücklich, ist wärmend von innen.

Rosmarin, Energie und Kraft – Du schaffst das.

Ingwer, reinigt, weckt auf - Finde Dein inneres Feuer.

Nelke, stärkend, belebend, erwärmend – Generiert Lust auf Neues.

Weihrauch, Kraft, Energie, Vertrauen in die eigenen Fähigkeiten – Gibt Lebensfreude und Kraft.

Zypresse, Erinnerung, Gelassenheit, Würde – Zeige Dein Mitgefühl.

Emotionales Thema: Lebensbejaung

Was bedeutet das?

Ich fühle mich wohl und bin auf allen Ebenen geerdet.

Herzensfrieden - Kirsten Cornelia Fürstenberg, 22399 Hamburg

Urvertrauen und Sicherheit gibt mir die göttliche Führung. Ich bin dankbar für mein Leben. Ich nehme meinen Körper bewusst und liebevoll an. Ich identifiziere mich 100% mit meinem Körper.

Mein Körper ist ein Geschenk des Lebens. Ich lebe die materielle Fülle mit Leichtigkeit und Freude. Ich bin in Harmonie mit meiner Mutter. Ich bin ihr dankbar für mein geschenktes Leben sowie ihre liebevolle Behandlung.

Ok, das hab ich verstanden.
Was bewirken diese Erkenntnisse in meinem gesamten Körper?

Ich habe einen guten Schlaf, bin voller Energie, in Balance und in meiner Kraft. In meinem Wohlfühlkörper bekommen mir alle Lebensmittel gut. Mein Stoffwechsel ist in Takt, mein Kopf ist frei, meine Zähne und Nägel sind gesund, mein Lymphsystem ist im Fluss. Meine Füße, Beine, Hüfte tragen mich in Leichtigkeit, mein Unterleib funktioniert mit 100%.

Herzensfrieden - Kirsten Cornelia Fürstenberg, 22399 Hamburg

Meine Beine, Oberschenkel sowie mein Gesäß passen sich meiner Figur an.

Die Themen des Energiebereiches sind stark beeinflusst mit dem Erlebnis von Geborgenheit und Harmonie mit der eigenen Mutter direkt am Lebensbeginn – dem ersten Bezugspunkt der Seele für die generelle Erfahrung des Lebens in dieser Welt.

Der Fluss des 1. Energiebereiches wächst über die Schwangerschaft, die Geburt bis ins Babysein.

Jetzt ist mir klar, wie wertvoll diese Momente für meine Basis – für die materielle Ebene im Leben sind.

Meine Eltern sind in voller Freude als sie erfahren, dass sie Eltern sind. Meine Mutter ist achtsam mit sich, so dass sich meine Organe gut bilden. Die liebevollen Worte die sie bereits im Bauch mit mir spricht ist Musik in meinen Ohren. Ich erblicke das Licht der Welt, meine Mutter ist voller Stolz. Sie nimmt mich mit vollem Herzen an.

Ich trinke die gute natürliche Muttermilch. Mit diesem Lebenselixier fühle ich mich geborgen, wohlgenährt, angenommen und geliebt!

Energiebereich 2 = Lebenslust und Schaffenskraft, Emotionen und Lebensfreude

Der Energiebereich 2 stärkt sich mit diesen leckeren Geschenken der Natur:

Reinigende Früchte:
Süße Äpfel, Birnen, Pfirsiche, Aprikosen, Melonen, Mangos, Orangen, Granatäpfel, Erdbeeren, Weintrauben, Feigen, Ananas,...

Entwässernde Gemüse und Salate:
Kresse, Spinat, Tomaten, Gurke, Rucola, Radicchio, Grüner Salat, Brennnessel,...

Herzensfrieden - Kirsten Cornelia Fürstenberg, 22399 Hamburg

Entschlackende Getränke:

Wasser, Fruchtsaft, Brombeerblättertee,
Himbeerblättertee, Birkentee, Löwenzahntee,...

Öle:

kaltgepresstes – Leinöl, - Hanföl, - Färberdiestelöl, -
Mandelöl, - Olivenöl, - Advocadoöl, - Rapsöl, -
Traubenkernöl,...

Gewürze:

Pfeffer: macht munter, klar, sinnlich - fördert die
innere Harmonie.

Kümmel: beruhigend, schlaffördernd – Meister des
Loslassens.

Vanille: harmonisiert, fördert die Sinnlichkeit – fördert
das klare Erkennen komplexer Vorgänge.

Bitterorange: stärkt die Widerstandskraft, fördert das
Selbstvertrauen. Sie öffnet unser Herz für die
lichtvollen Seiten unseres Lebens.

Der 2. Energiebereich ist dem Geschmackssinn
gewidmet, was in sich schon ein schönes Bild ist:
Die Seele schmeckt im wahrsten Sinnes des Wortes das
Leben.

Herzensfrieden - Kirsten Cornelia Fürstenberg, 22399 Hamburg

Hingabe = Lebenslust

Ich bin im Moment und lebe mein Gefühl.

Somit ist das Thema „Die LUST am LEBEN".
Diese teilen wir in drei Bereiche ein:

1)   Essen als Genuss empfinden,

Das Kochen mit meiner Familie, mit meinen Freunden
ist reiner Spaß, fördert unser Miteinander und erfreut
unsere Herzen. Mit der ganzen Familie kochen wir
Rezepte, die mit frischen, saisonal natürlichen
Produkten unser Leben geschmacklich bereichern,
Hmmm lecker!

2)   Die Lust – Sexualität und Erotik

Ich bin mit 100% bei mir, nehme meine Gefühle wahr.
Ich bin im Vertrauen, mit Leichtigkeit spreche ich über
meine Gefühle und Wunscherfüllungen.

3)   Die Lust auf Berührung

Mit Leichtigkeit bin ich im Hier und Jetzt, ich fühle
jeden Moment.

Herzensfrieden - Kirsten Cornelia Fürstenberg, 22399 Hamburg

Ich öffne mich in Freude im Gespräch meinen Mitmenschen.

Ich bin im Vertrauen mit meinen Partner.

Ich liebe die Zärtlichkeit und die liebevolle Berührung.

Ein weiteres Thema des 2. Energiebereiches ist die **Kreativität:**

Kreativität= Lebensfreude

Gelebtes Sein.

Ich gebe mich dem Leben hin, meine Gefühle führen mich. Bin im Vertrauen mit meiner schöpferischen Energie.

Lebe im Hier und Jetzt, flexibel und spontan.

Offen für die Veränderung.

Vertraue mir selbst.

Kenne und lebe meinen Selbstwert.

Selbstbewusst voller Dankbarkeit für mein Leben, liebe ich jetzt jeden Moment.

Das heißt der Fluss des 2. Energiebereiches zeigt sich körperlich im Unterbauch:

Herzensfrieden - Kirsten Cornelia Fürstenberg, 22399 Hamburg

In diesem Bereich sind viele Körperflüssigkeiten, hier spielen die Organe wie Niere, Blase, eine große Rolle. Alles was in Kombination mit „Das Leben fließt" wirkt im höchsten Maße positiv auf meine Organe. Meine Darmflora ist in Balance. Ich helfe dem Wasserfluss im Körper mit 100% Vertrauen ins Leben. Die Weitergabe eines neuen Lebens ist möglich. Mein Bauch passt sich flach meinem Körper an.

Der 2. Energiebereich ist stark mit den Erlebnissen als Kleinkind während des dritten bis ins fünfte Lebensjahr beeinflusst, Hier zeigt sich das Wahrnehmen, dass Erfahren, Berühren, Schmecken der gesamten Erde. Ebenso lernen wir in dieser Phase, unsere Lebensfreude und -energie kennen und leben diese. Für den 2. Energiebereich ist es hilfreich, dass Eltern hierfür ihre wertvolle Aufmerksamkeit schenken.

Aha... jetzt ist es mir klar.
Mit dem Erleben dieser Emotionen sind die besten Voraussetzungen für meine Kreativität und Schöpferkraft geschaffen.

Herzensfrieden - Kirsten Cornelia Fürstenberg, 22399 Hamburg

Die ganze Familie freut sich über mein Sein.

Ich bin überall herzlich willkommen.

Meine Eltern sind für mich da. Sie fördern mein Sprechen.

Der Auftrag meiner Eltern und das Familienleben ist in Harmonie und Balance. Sie schenken mir ihre Liebe und Geborgenheit bei jedem Gefühl der nicht Sicherheit.

Miteinander verbringen wir viele Momente.

Ich bekomme jeden Moment Aufmerksamkeit und fühle mich in Sicherheit.

Meine Kreativität ist gefördert, meine Eltern sind voller Lebensfreude.

Energiebereich 3 = Selbstverständnis

Das Leben von Kraft und Stärke

Der Sitz unseres Bauchgefühls

Kraft und Stärke = Urvertrauen

Ich vertraue 100% meinem Gefühl

Hier ein paar Erfahrungen für die Stärkung der
Emotionen des Energiebereiches 3.

Saat für die Kühlung meines inneren Feuers:
Fenchel, Anis, Kümmel, Leinsamen,
Sonnenblumenkerne,...

Wärmende Kohlenhydrate:
Buchweizen, Mais, Hafer, Hirse, Weizen, Dinkel, ...
Gekocht als Nudeln, Brot, Müsli, Esskastanien,
Datteln,...

Wärmende Proteine:
Linsen, Kichererbsen ... bevorzugt als Eintopf.

Wärmende Gemüse:
Fenchel, Wirsingkohl, Weißkohl und weitere
Kohlsorten,...

Wärmende Getränke:
Zimt Tee, Ingwerwasser, Fencheltee, Kamillentee,...

Herzensfrieden - Kirsten Cornelia Fürstenberg, 22399 Hamburg

Wärmende Gewürze:

Schwarzer Pfeffer: Liebe und Wärme – weckt das Feuer in Dir, im Sinne von Lebendigkeit und Temperament.

Chili: scharf und schön – klare Intuition.

Curry: sinnlicher Genuss – stärkt die Intuition.

Ingwer: Schutz und Geborgenheit, fördert das Selbstvertrauen in die eigenen Fähigkeiten.

Zimt: wirkt aphrodisierend, anregend – stärkt das Selbstbewusstsein.

Weitere Gewürze

Kurkuma: für die Gesundheit und Schönheit.

Meerrettich: ist Erdung, vermittelt die Sprache der Erde.

Kakao: die Nahrung für den Wandel.

Öle:

kaltgepresstes - Weizenkeimöl, - Schwarzkümmelöl, - Leinsamenöl, - Sonnenblumenöl,...

Herzensfrieden - Kirsten Cornelia Fürstenberg, 22399 Hamburg

Hier ein wertvoller Hinweis meines Körpers.

"Liebe Kirsten,
Deinen Wohlfühlkörper erreichst Du auf Dauer indem Du achtsam mit Deinen Emotionen bist. Ich bin schlau und weiß was mir gut tut. In diesem Energiebereich 3 sind Kohlenhydrate für meinen Energiefluss wertvoll. Du nimmst Kohlenhydrate in Form von Nudeln, Kartoffeln und Getreide von meinem Speiseplan. In ca. 4 Tagen erreicht Dich Dein Appetit auf zuckerhaltiges Gemüse und Obst, wie Paprika, Karotte, Zucchini, Ananas, Apfel, Banane,..."

Ein Beispiel, Ich habe ein nicht gutes Gespräch und bin in nicht Harmonie... Hier esse ich eine Banane, dass beruhigt meinen Körper und meine Emotionen. Dankbar für diese Situation schaue ich mir diesen Spiegel an, erinnere mich und nutze ihn für meine neue emotionale Balance und Harmonie.

Super, ein weiterer Schritt für meinen Selbstwert ist das Ergebnis.

Herzensfrieden - Kirsten Cornelia Fürstenberg, 22399 Hamburg

Emotionales Thema = Selbstwertgefühl

Selbstwertgefühl = Disziplin

Ich bin mir meiner Stärken bewusst.

Ich bin im Einklang mit meinen Emotionen.

Ich bin im Frieden mit mir.

Ich bin im Frieden mit meinen Mitmenschen.

Ich kenne meine Lebensaufgabe.

Ich bin im Urvertrauen mit meinem Bauchgefühl.

Ich bin in Balance mit Geben und Nehmen.

Ich bin der wichtigste Mensch in meinem Leben.

Ich bin gut so wie ich bin.

Ich lebe meinen Selbstwert.

Momente in der Stille stärken mich und schenken mir Kraft.

Der Fluss des 3. Energiebereiches zeigt sich im Oberbauch sowie in zahlreichen Gelenken

Mein Immunsystem, mein Magen, meine Bauchspeicheldrüse sind stark und in Balance.

Herzensfrieden - Kirsten Cornelia Fürstenberg, 22399 Hamburg

Ich bin voller Energie.

Milz, hier ihr liebevoller Hinweis:

Lebe die Leichtigkeit des Lebens, schwimme mit dem Leben, fühle es in jedem Moment.

Ich sehe klar, meine Haut ist jung und schön.

Mein Oberbauch ist flach angepasst meiner Körperform.

Die Entwicklung des 3. Energiebereiches ist mit Erlebnissen in der frühen Jugend mit dem 5. bis 12. Lebensjahr beeinflusst. Hier entwickeln sich das Denken und das Selbst. Das Fördern der Gaben und Fähigkeiten sowie Tipps und Lob sind nährend für diese Momente.

Im Bildungswesen lerne ich viele wertvolle Dinge für mein Leben Ich erfahre das Heilwissen der Natur. Meine Fähigkeiten und Gaben erkenne ich und fördere sie. Für meine guten Leistungen ernte ich Lob und Anerkennung. Im praktischen Teil lerne ich den ökologischen Anbau von Obst und Gemüses im Schulgarten. Wir kochen miteinander, dass selbst geerntete Gemüse in der Schulküche.

Herzensfrieden - Kirsten Cornelia Fürstenberg, 22399 Hamburg

Energiebereich 4 = Universelle Liebe

Liebe, Vertrauen, Hingabe

Hingabe = Urvertrauen

Ich glaube an die Urkraft meines Herzens

Von diesem Energiebereich an steht die Ernährung, als Kontakt mit dem Leben.

Leichte Kost ist auf dem Speiseplan.

Mit meiner Liebe für das Gartenbeet, bin ich dankbar für mein gesundes natürliches Essen.

Blättriges Gemüse und alle Arten von Blattgemüse,

wie Mangold, Petersilie, Rhabarber, Spargel

Frühlingszwiebel, Lauch, Sellerie, ...

Kohlgemüse:

Blattkohl, Blumenkohl, Brokkoli, Grünkohl,

Rosenkohl, Rotkohl, ...

Blattsalate:

Borretsch, Brennnesseln, Brunnenkresse, Chicorée,

Eisberg, Feldsalat, Kopfsalat, Löwenzahn, Radicchio,

Rucola, ...

Herzensfrieden - Kirsten Cornelia Fürstenberg, 22399 Hamburg

Alle Sorten von Samen, Sprossen und Keimen, je leichter und energiereicher desto besser.

Getränke:
Wasser, Petersilienwasser, Löwenzahntee, Brennnesseltee, ...

Öle: kaltgepresstes -Borretschöl, -Weizenkeimöl, -Leinöl, -Hanföl,

Gewürze:
Basilikum: schafft Freiraum für Neues
Dill: erhellt die Gedanken
Fenchel: fördert den klaren Blick
Oregano: ordnet die Gedanken
Petersilie: schenkt Schutz
Rosmarin: stärkt den Rücken
Schnittlauch: reinigt, schenkt Energie
Kresse: erzeugt Liebe und Lebensfreude
Salbei: schafft Schutz und inneren Frieden
Thymian: stärkt den freien Willen und bewirkt aktives Handeln
Lorbeer: bringt Inspiration und reinigt die Seele

Herzensfrieden - Kirsten Cornelia Fürstenberg, 22399 Hamburg

Majoran: fördert die materielle Fülle

Ich liege gerade nach einem leckeren Essen in meiner
Hängematte und gönne mir und meinen Körper unsere
obligatorische Mittagsruhe..., da höre ich in der Stille
meine Seele, die mir eine wunderschöne Botschaft gibt:
Liebes, Du bist voller Liebe, Du akzeptierst jeden in
seinem Sein, Du bist in Harmonie mit Dir...Du fühlst
die Leichtigkeit in Deinem Leben, Dein Körper ist in
Frieden mit leichter Kost wie grüne Salate- /Gemüse.
Das ist wundervoll!
Danke liebe Seele für diese liebevolle Botschaft!

Emotionales Thema = Selbstliebe

Selbstliebe = Herzensliebe
Ich schenke den Menschen, Tieren und der Umwelt
meine Herzensliebe

Für mich, meine Familie, meine Freunde, die Kollegen,
die Tiere, die Umwelt empfinde ich wahre Herzensliebe.

Herzensfrieden - Kirsten Cornelia Fürstenberg, 22399 Hamburg

Ich bin in Harmonie mit meinem Selbstwert

Ich lebe meinen Selbstwert

Mein Geben und Nehmen ist in Balance

Ich bin in Frieden mit meinen Mitmenschen

Ich lebe meine Selbstliebe

Ich glaube an die göttliche Führung

Ich bin im Urvertrauen

Ich bin im Hier und Jetzt

Ich lebe den Moment und ich lebe wahre Herzensliebe

Perfekt! Wie fühlt sich mein Körper in diesem Energiebereich 4?

Meine Haut ist jung und schön, Sie spiegelt den Gleichklang und die Harmonie in meinem Leben.

Ein wertvoller Hinweis meines Herzens:
Du siehst nur mit dem Herzen gut, das Wesentliche ist für die Augen unsichtbar.-Antoine de Saint-Exupéry-

Meine Brust, meine Brustwirbel, mein Brustkorb, mein Immunsystem, sind stark und gesund.
Von Schulter bis Hand bin ich frei und leicht.

Herzensfrieden - Kirsten Cornelia Fürstenberg, 22399 Hamburg

In Leichtigkeit gebe ich Dir meine Hand, ich bin im Frieden, in Liebe gehe ich meinen Weg.

Der Energiebereich 4 ist mit den Erlebnissen der Jugend und Pubertät vom 12. bis18. Lebensjahr geformt. Das wahre Sein festigt sich im Energiebereich 3. Dann öffnet sich der junge Mensch für die höchsten Gefühle der Seele, für die Liebe, für Partnerschaft und Freundschaften. Er liebt das Leben und findet die Quelle seines Seins. Das Bewusstsein öffnet sich für das Mitgefühl und die Menschlichkeit. Es entsteht ein universelles Bewusstsein welches mehr ist als das physische Sein.

Meine Eltern informieren mich im richtigen Moment, dass sich mein Körper verändert.
Sie sind in dieser nicht leichten Phase mit 100% für mich da, beantworten mir jede Frage.
Mit Leichtigkeit und Freude nehme die neue Form meines Körpers an.
Im Herzen nehme ich meine Weiblichkeit/Männlichkeit an.
Sie geben mir die Freiheit, für eine Partnerschaft, für

Herzensfrieden - Kirsten Cornelia Fürstenberg, 22399 Hamburg

das Leben meiner Gaben und fördern diese.

Miteinander finden wir meine Bestimmungen und meine Berufung.

Ich lebe meine Berufung!

Energiebereich 5 – Kommunikation der Seele

Eigene Wahrheit sprechen
Wahrheit= Identität

Ich lebe meine wahre Identität

Im Energiebereich 5 ist der Flüssigkeitsanteil des Lebensmittels wichtig. Hier genießen wir Früchte mit hohem Flüssigkeitsanteil sowie alles was reich an Wasser ist. In diesem Bereich spielt Ruhe eine große Rolle, denn hier wählen wir Möglichkeiten für unseren Lebensplan. Frei nach dem Motto „In der Ruhe liegt die Kraft" Hier vereinen wir uns mit uns selbst und lauschen unserem Bauchgefühl, unserer Intuition. Wir sind klar in der Wahl der Speisen und verwirklichen uns selbst.

Herzensfrieden - Kirsten Cornelia Fürstenberg, 22399 Hamburg

Gemüse mit viel Wasseranteil:

Gurke, Tomate, Spargel, Radieschen, Eisbergsalat, ...

Obst mit viel Wasseranteil:

Wassermelone, Grapefruit, Erdbeeren, ...

Wasserpflanzen:

Rotalgen, Agar, Irisches Moos, Braunalgen, Kelp, ...

Reinigende Spezialitäten:

Flohsamen, Hagebutten, Brennnesselsamen, Leinsaat, ...

Öle: kaltgepresstes -Hagebuttenöl, -Leinöl,

Getränke:

Wasser, Gurkenwasser, Säfte, Hagebuttentee, Brennesseltee, Pfefferminztee, ...

Wasser steht als Synonym für die Liebe. Die Liebe ist größte Emotion!

Herzensfrieden - Kirsten Cornelia Fürstenberg, 22399 Hamburg

Gewürze:

Eukalyptus: Reinigung der Energie

Pfefferminze: fördert die Klarheit und Offenheit

Lavendel: eintauchen in die eigene Welt

Lorbeer: Reinheit des Geistes und der Seele

Emotionales Thema – Freiheit der Seele

Einzigartigkeit, Individualität

Individualität = Einzigartig

Ich bin einzigartig wertvoll!

Ich spreche meine eigene Wahrheit

Ich lebe meine eigene Wahrheit

Ich bin mit 100% bei mir

Ich bin dankbar für die Tipps anderer

Ich nehme die Tipps dankbar an

Ich höre meine Intuition

Ich folge meiner Intuition

Ich lebe meinen inneren Reichtum

Ich bin voller Energie

Ich sehe meine Größe

Ich lebe meine Größe

Herzensfrieden - Kirsten Cornelia Fürstenberg, 22399 Hamburg

Der Energiebereich 5 ist in diesem körperlichen
Bereich im Fluss:

Meine Stimme ist kräftig und stark. Ich höre gut, mein
Blutdruck ist in Balance. Meine Schulter, Nacken, Kopf
sind frei beweglich. Meine Speisen verdaue ich mit
Leichtigkeit.

Der Energiebereich 5 ist in besonderer Weise
beeinflusst mit Erlebnissen vom 16. bis 21. Lebensjahr.

Meine Eltern helfen mir bei der Wahl meiner
Bestimmung / Berufung.
Ich kommuniziere meine Wahrheit.
Ich zeige mich.
Ich bin klar und lebe meine Identität in Leichtigkeit.

Herzensfrieden - Kirsten Cornelia Fürstenberg, 22399 Hamburg

Energiebereich 6 – Drittes Auge

Göttliches Bewusstsein

Göttliches Bewusstsein = höhere Intuition

Ich höre die Führung meiner Seele

Die Ernährung in diesem Energiebereich ist leicht.
Für die Stärkung der Geistigen und spirituellen
Entwicklung machen wir spirituell motiviertes Fasten.

Intensiv-Fasten:

Wasserfasten, Teefasten, Gemüsebrühe fasten, ...

Sanftere Fastenformen:

Saftfasten, Obstfasten, Reisfasten, ...

Getränke:

Wasser, Jasmintee, Minztee, Zitronengrastee,
Pfefferminztee, Wacholdertee, ...

Herzensfrieden - Kirsten Cornelia Fürstenberg, 22399 Hamburg

Gewürze:

Jasmin: fördert Schönheit, feste Partnerschaft, höchste spirituelle Liebe.

Minze: bewirkt Klarheit und Offenheit.

Zitronengras: schenkt spirituelle Harmonie.

Wacholder: erzeugt das spirituelle Wachstum.

Nach dem Motto, „Ein gesunder Geist in einem gesunden Körper"
Momente in Meditation sind obligatorisch.

Emotionales Thema – Selbstbesinnung
Erinnern an die Ureigene Identität

Ich höre meine Intuition.

Ich lebe meine Intuition.

Ich öffne mich dem göttlichen Bewusstsein.

Ich öffne mich der inneren Führung meiner Seele.

Ich lebe die Wahrheit meiner Seele.

Ich öffne mich der göttlichen Wahrnehmung.

Ich bin im Fluss des Lebens.

Herzensfrieden - Kirsten Cornelia Fürstenberg, 22399 Hamburg

Der 6. Energiebereich ist beeinflusst über Erlebnisse vom 21. bis 26. Lebensjahr. In diesen Lebensmomenten nehme ich die Kraft des dritten Auges bewusster wahr. Das Nervensystem nimmt in diesen Lebensmomenten starke Energien an.

Ich bin bereit für mein göttliches Bewusstsein.
Ich integriere das göttliche Bewusstsein in mein Leben.
Ich bin im Vertrauen in die göttliche Führung.
Ich lebe die Identität meines höheren Selbst.

Energiebereich 7 – göttliche Führung
Einheitsbewusstsein, innerer Frieden

Innerer Frieden = göttliche Liebe
Ich bin im Urvertrauen mit der göttlichen Führung.

Mit diesem Energiebereich sind wir vollkommen und leben unsere innere Mitte.
Dieser Bereich wirkt besonders mit weise gewählter Kost, die leicht ist und Raum für spirituelle Erfahrungen gibt.

Herzensfrieden - Kirsten Cornelia Fürstenberg, 22399 Hamburg

Sehr leichte, rein pflanzliche, vegane Kost, Obst,
Blätter, Nüsse, ...

Getränke:
reines Quellwasser, grüner Tee, Saft, ...

Emotionales Thema: Schöpferkraft

Ganzheitliche Identität = Erleuchtung
Ich lebe mein wahres Potenzial, meine wahren
Fähigkeiten meiner Seele.

Ich bin Schöpfer meines Lebens.
Ich lebe meine Schöpferkraft.
Ich bin in meiner Mitte.
Ich bin im Urvertrauen mit der göttlichen Führung.

Die Resonanz dieses Energiebereiches liegt im 26. bis
30. Lebensjahr. Dieser Bereich ist komplett geöffnet,
wenn die Vereinigung mit dem Kosmos und der Erde
aktiviert ist.
Das ist unsere Urkraft!

Herzensfrieden - Kirsten Cornelia Fürstenberg, 22399 Hamburg

Ich kenne meine Potenziale.

Ich lebe meine Potenziale.

Ich kenne meine Fähigkeiten.

Ich lebe meine Fähigkeiten.

Ich lebe meine Urkraft.

Ich lebe mein wahres Sein.

Ich lebe meine Schöpferkraft.

Ich lebe meine Vollkommenheit.

Der Energiebereich 1 findet im Energiebereich 7 seinen stimmigen Partner.

Der erste Energiebereich ist erdverbunden und materiell, der siebte Energiebereich ist feinstofflich und schöpferisch.

Der Energiebereich 2 und 6 harmonieren miteinander - Körperlicher Genuss und Eigenverantwortung.

Der Energiebereich 3 und 5 bedienen einander – Persönlichkeit und Gleichgewicht.

Herzensfrieden - Kirsten Cornelia Fürstenberg, 22399 Hamburg

Der Energiebereich 4 ist eine Brücke für die anderen
Energiebereiche.

Alles klar, dass heißt für mich, mein Körper lädt mich
täglich für ein Gespräch ein.
Seine Agenda liegt auf meinen Teller. Ich koche seine
Agenda.

Bild © Gisela Klingbeil

Miteinander erkennen und fühlen wir in Leichtigkeit
die Wunder des Momentes und des Lebens.

Herzensfrieden - Kirsten Cornelia Fürstenberg, 22399 Hamburg

Mit Liebe und Hingabe lebe ich meine Gaben und
Fähigkeiten.

Mein Körper ist in allen 7 Energiebereichen im Fluss.

Mein Geschenk an mich 100% LEBENSFREUDE und
göttliches Leben!!!

Deine Gabe ist Deine Einzigartigkeit!

Gabe/Fähigkeit = Stärke

Lebe Deine Stärken im Einklang mit Deiner
Schöpferkraft und Deiner Einzigartigkeit.

Der goldene Herbst zeigt sich mit seinen
wunderschönen Farben.

Mit einem Tee am Kamin gehe ich in die Stille.

Freudig spricht die Stimme meine Seele.

"Liebes,...Du stehst jetzt mitten im Leben.

Herzensfrieden - Kirsten Cornelia Fürstenberg, 22399 Hamburg

Mit dem Erkennen Deiner Erfahrungen bist Du jetzt kraftvoll und stark.

Du bist bereit für das Kommunizieren Deiner Gaben und Fähigkeiten.

Erzähl sie Deinen Lesern, ich bin stolz auf Dich! Deine Seele."

Jetzt ist es klar, alle Puzzleteile ergeben einen Sinn für ein ganzes Bild, ein ganzes Leben.

Dankbar bin ich für diese Fähigkeiten und Gaben:

Bild © Gisela Klingbeil

Herzensfrieden - Kirsten Cornelia Fürstenberg, 22399 Hamburg

Jenseitskommunikation = Botschaften von der geistigen Welt empfangen für Dein Wohl.

Auf meinen Weg der Selbstfindung erinnere ich mich an meine Gabe der Jenseitskommunikation.

Starke Intuition = Visionär – Pionier

Gute Kommunikation mit meinem höheren Selbst.

Dem heutigen Moment einen Schritt voran.

Herzenskommunikation = Kommunikation mit Herz

Mit guten Worten, Dich erreichen, Dich bewegen.

Herzenswahrheit = Dein wahres sein

Ich sehe Dein einzigartiges Wesen mit den Augen meines Herzens.

Innerer Frieden = In der Mitte sein

„In der Kürze liegt die Würze".

In Freude und Leichtigkeit auf den Punkt.

Emotionen = Erfahrungen mitteilen

Mutig, meine erlebten Emotionen mit Dir teilen.

Herzensfrieden - Kirsten Cornelia Fürstenberg, 22399 Hamburg

Kraft und Stärke = Erdung

Das Leben meiner Selbst gibt mir Kraft und Stärke
für das Teilen all meiner Gaben.

Ja, das bin ich!!!
Alle 7 Energiebereiche sind im Fluss.

Dieses Buch beschreibt die neue Zeit.
Es sind Möglichkeiten, für mögliche Veränderungen...
Lebe Dein Leben so wie Du wirklich bist...,
ein göttliches Schöpferwesen...

In Liebe und Dankbarkeit
Herzlichst Eure
Kirsten

Herzensfrieden - Kirsten Cornelia Fürstenberg, 22399 Hamburg

DANKE!

Bild © Gisela Klingbeil

Dankbarkeit = Herzensfrieden

Mein friedvolles Herz ist mit Dankbarkeit erfüllt!

Herzlichen Dank an **ALLE** meine Wegbegleiter.

101
Herzensfrieden - Kirsten Cornelia Fürstenberg, 22399 Hamburg

Dank Eurer Mithilfe erinnere ich mich an mein wahres Sein.

Jetzt bin ich im Fluss mit der göttlichen Ordnung des Körpers, dankbar, dass Du dieses Buch liest.

In Freude, dass Du Dich an Dich erinnerst.
Danke, dass ich ein Teil Deines Weges bin!

Ein ganz besonderer Dank gilt Gisela Klingbeil für die wundervollen Fotos.

Bild © Gisela Klingbeil

Starte Jetzt!
Schreibe Deine Herzenswunscherfüllungen auf!

Herzensfrieden - Kirsten Cornelia Fürstenberg, 22399 Hamburg

Ort für Deine Herzenswunscherfüllungen

Herzensfrieden - Kirsten Cornelia Fürstenberg, 22399 Hamburg